Symphonies

Chants d'Amour
Love Songs

Français / Anglais
French / English

EFL

SYMPHONIES

Chants d'Amour
Love Songs

Florilège de poésie
Poetry's anthology

© 2023 Edmond Frédéric LARGEAU
© 2023 EFL

Édition : BoD – Books on Demand, info@bod.fr
Impression : BoD – Books on Demand,
In de Tarpen 42, Norderstedt (Allemagne)
Impression à la demande

Illustration couverture: Montage photographique par EFL
Cover illustration: Photo montage by EFL

ISBN : 978-2-3224-8653-3
Dépôt Légal : Juillet 2023
Legal Deposit: July 2023

Remerciements
Gratitude and thanks

À ma mère, Jeannine
To my mother, Jeannine

À ma famille, à mes amis pour leurs encouragements
To my family, to my friends for their encouragement

Poèmeraie

Avant les mots
Dolcissimo,
Une brise subtile apporte le poème
Par thème,
En venue,
Tout ce qui fut,
Tout ce qui va, ou peut venir
A l'intention de ceux qui connaissent
Ceux qui veulent connaître
Intrigués, étonnés ou curieux de désir

Oui, j'ai lu la *poèmeraie
Page verte, pages colorées
Voyelles d'eau dans la forêt
Consonnes de maintes lumières
Des lettres riches en sève
En ramures, au-delà d'un rêve

Je garderai en moi, profondément
Le miel de l'air, un avant-goût
Aux lèvres, subtilement,
Qui grise comme un vin doux...

© EFL

poèmeraie : Champ ou collection de poèmes

Poemery

Before the words
Dolcissimo,
A subtle breeze brings the poem
By theme,
In coming,
All that was,
All that will, or may come
To the intention of those who know
Those who want to know
Intrigued, amazed or curious of desire

Yes, I read the *poemery
Green page, colorful pages
Water vowels in the forest
Consonants of many lights
Letters rich in sap
In branches, beyond a dream

I will keep in me, deeply
The air's honey, a foretaste
To the lips, subtly,
Wich inebriates like a sweet wine…

© EFL

poemery : Field or collection of poems

À la Mandoline

Un allégro fait le mariole
Et tinte le vent qui dissémine
La quinte de do, quinte de sol
Se joue un chant à la mandoline

Mikado de notes sans bémol
Sur la portée de do, galopine
Un domino d'accords cabriole
Sur les cordes de la mandoline

Vibrato pour la gamme frivole
Où do, mi, ré, à foison, domine
Le flamenco enflamme le sol
Et se taquine à la mandoline

Le moderato suivant, somnole
La demi-pause, mise en sourdine
Et la croche en repos batifole
Sur les cordes de la mandoline

Crescendo, un air rythmé s'envole
Un concerto en do, dodeline
Sur les trémolos d'un rossignol
Soprano du cœur, qui imagine...

Un chant d'amour à la mandoline...

To the Mandolin

An allegro plays the joker
And tinkles the wind that scatters
The fifth of Do, fifth of Sol
A song plays on the mandolin

Mikado of notes without flat
On the stave of Do, gallops
A domino of chords capers
On the mandolin's strings

Vibrato for the frivolous range
Where Do, Mi, Re, abound, dominate
The flamenco ignites the ground
And teases on the mandolin

The moderato following, dozes
The half-rest, muted
And the quaver at rest frolics
On the mandolin strings

Crescendo, a rhythmic tune flies away
A concerto in Do, nods
On the tremolos of a nightingale
The heart 's soprano, who imagines…

A love song on the mandolin...

Un jour particulier

En ce jour particulier
Pour ne jamais l'oublier
Avec mon cœur j'ai planté

Trois magnifiques rosiers
Trois, aux nuances variées
Parmi un sol argenté

Bordant le seuil du foyer
L'orange, te désirer
Ou le rose, t'adorer

Et le rouge, à t'aimer
Pour ne jamais l'oublier
Ce jour si particulier

Mon amour est journalier
Vois, en mes yeux, un brasier
En mon cœur, la vérité

Personnel et singulier
Âmes et cœurs sont reliés
Toujours pour l'éternité...

À jamais, Namasté
Ta particularité...

A special day

On this special day
To never forget it
With my heart I planted

Three beautiful rose bushes
Three, with varied shades
Among a silver soil

Bordering the threshold of the home
The orange, to desire you
Or the pink, to adore you

And the red, to love you
To never forget it
This day so special

My love is daily
See, in my eyes, a blaze
In my heart, the truth

Personal and singular
Souls and hearts are connected
Always for eternity…

Forever, Namaste
Your particularity…

Je t'aimerai toujours

Tant que je pourrai rêver
Tant que je pourrai penser
Tant que j'aurai de la mémoire
Encore
Je t'aimerai toujours…

Tant que j'aurai des oreilles pour écouter
Tant que j'aurai des lèvres pour parler
Tant que j'aurai des yeux pour regarder
Revenir du passé
Je t'aimerai toujours...

Tant que je pourrai ressentir avec mon cœur
Tant que j'aurai une âme en ébullition
Tant que j'aurai de l'imagination
Ce sera notre bonheur
Je t'aimerai toujours...

Tant que le temps existera
Tant que mon amour existera
Tant que tu vivras sur Terre
Et tant que je respirerai
pour dire ton nom
Je t'aimerai toujours...

I will always love you

As long as I can dream
As long as I can think
As long as I have memory
Once again
I will always love you…

As long as I have ears to listen
As long as I have lips to speak
As long as I have eyes to watch
Come back from the past
I will always love you…

As long as I can feel with my heart
As long as I have a soul in boiling
As long as I have imagination
It will be our happiness
I will always love you…

As long as time will exist
As long as my love will exist
As long as you live on Earth
And as long as I breathe
to say your name
I will always love you…

Parce que je t'aime plus que tu ne t'aimes toi-même
Parce que je t'aime plus que tout au monde
Parce que je t'aime plus que tout dans l'univers
Parce que je t'aime tellement et plus encore…

Because I love you more than you love yourself
Because I love you more than anything in the world
Because I love you more than anything in the universe
Because I love you so much and more…

Harpiste en apesanteur

La sorcellerie d'un harpiste
Avec ses beaux yeux améthyste
En apesanteur sur la piste
Et s'arc-boutant sur un twist mixte

Un numéro d'équilibriste
Livré avec ses sœurs choristes
Qui enchantent les symbolistes
Libres, comme des vers-libristes

Et glissent ses longs doigts d'artiste
Sur les volutes qui subsistent
La féerie des sons persiste
Jusqu'à l'empyrée qui l'assiste

Quand sons, lumière coexistent
En apesanteur sur la piste
Avec ses beaux yeux améthyste
Voici le sorcier, un harpiste

Qui chante à la lune triste
Avec grâce et ses choristes
En apesanteur sur la piste
Et toute sa magie altruiste...

Harpist in weightlessness

The sorcery of a harpist
With his beautiful amethyst eyes
In weightlessness on the track
And bracing himself on a mixed twist

A tightrope walker's act
Delivered with her sister choristers
Who enchant the symbolists
Free, like free-verse poets

And slide his long artist's fingers
On the volutes that remain
The fairy sounds persists
Up to the sky that assists him

When sounds, light coexist
In weightlessness on the track
With his beautiful amethyst eyes
Here is the sorcerer, a harpist

Who sings to the sad moon
With grace and his choristers
In weightlessness on the track
And all his selfless magic…

Harpe à Bruire

Les cordes vibrent
Une plainte libre
Des sons éthérés
Jusqu'à l'empyrée

Parmi le givre
Erre une vouivre
Miséricorde
Entre les cordes

Un air déchirant
Frisonne au vent
Frôlement léger
D'une main âgée

Aux fils à bruire
Un cœur va vrombir
Sonnement d'ailleurs
Souffle intérieur

Un cœur palpite
Un chant crépite
Les cordes tremblent
Toutes ensembles

Pâmoison de sons
Tintent des frissons
Liliales vibrations
Geints à l'horizon...

Harp to Rustle

The strings vibrate
A free complaint
Ethereal sounds
Up to the heaven

Among the frost
Wanders a wyvern
Mercy
Between the strings

A heartbreaking tune
Shivers in the wind
Light touch
Of an old hand

To the wires to rustle
A heart will buzz
Ringing from elsewhere
Inner breath

A heart beats
A song crackles
The strings tremble
All together

Swoon of sounds
Tinkle shivers
Pure vibrations
Moans on the horizon…

Maison Bonheur

Hendécasyllabe

Sous la lune, la maison de couleur dune
Avec grilles ornées d'un cœur au milieu
Est ouatée en plein cœur des résineux
Face à l'horizon d'une mer au ton prune

Dans son patio des glycines communes
Dissimulent des orangers fructueux
Des oiseaux dont le chant est mélodieux
Près d'une fontaine zen en pierre brune

Ici, s'écoulent paisiblement les jours
Ponctués souvent par des rires joyeux
Aromatisés par de mets délicieux

Assis certains soirs d'hiver au coin du feu
Main dans la main, souriant, deux petits vieux
Savourent la chaleur de leur doux amour...

Happiness House

Under the moon, the dune color's house
With grills adorned with a heart in the middle
Is located in the heart of resinous
Facing the horizon of a plum-colored sea

In its patio common wisteria
Hide fruitful orange trees
Birds whose song is melodious
Near a zen fountain in brown stone

Here, the days flow peacefully
Punctuated often by joyful laughter
Flavored by delicious dishes

Sitting some winter evenings by the fire
Hand in hand, smiling, two old people
Savor the warmth of their sweet love…

Petit Déjeuner Gourmand

Hendécasyllabe

Se réveiller à temps au soleil gourmand
Entendre le doux gazouillis des oiseaux
Ouvrir un peu les paupières lentement
Et offrir un large sourire en biseau

Déjeuner à temps au soleil caressant
Croquer à pleines dents, de tendres biscuits
Beurrer légèrement un demi croissant
Et presser comme la rosée, un beau fruit

Déjeuner à temps au soleil de printemps
Sucrer le café au bol de la prairie
Verser un nuage de lait en chantant
Et déguster de tendres pâtisseries

Déjeuner à temps au soleil persistant
Contempler ensemble un bel eldorado
Partager des baisers au foulard du temps
Et aimer autant car la vie est cadeau...

Gourmet Breakfast

Wake up on time to the gourmet sun
Hear the sweet chirping of the birds
Open your eyelids slowly
And offer a wide smiling face

Breakfast on time to the caressing sun
Bite into tender biscuits
Butter lightly a half croissant
And squeeze like dew, a beautiful fruit

Breakfast on time to the spring sun
Sweeten the coffee in the bowl of the meadow
Pour a cloud of milk while singing
And enjoy tender pastries

Breakfast on time to the persistent sun
Contemplate together a beautiful heaven
Share kisses in the scarf of time
And love as much because life is a gift…

De ce qui vibre en nous

De ce qui vibre en nous rien ne peut être vain
Le rêve se fait vie et fait vivre la mélomane pierre
Vers toi s'élance un hymne et cet hymne est lumière
Tout mon amour pour toi déborde sur demain

Ton geste est un oiseau, l'oiseau devient une âme
Et l'âme, une harmonie où fleurit un appel
Vers ton regard fervent et mouvant comme un ciel
Monte indéfinissable une angoisse de flamme

Corolle d'un aveu qui jaillit du désert
Où coule goutte à goutte une ombre de moi-même
Aux sillons de la nuit les soleils que je sème
En rameaux éploieront leurs rayons sur ta chair…

From what vibrates in us

From what vibrates in us nothing can be vain
The dream becomes life and makes to live the music lover stone
To you a hymn rushes and this hymn is light
All my love for you overflows on tomorrow

Your gesture is a bird, the bird becomes a soul
And the soul, a harmony where an appeal blooms
To your fervent and moving gaze like a sky
Rises indefinable an anguish of flame

Corolla of a confession that springs from the desert
Where drop by drop flows a shadow of myself
To the furrows of the night the suns that I sow
In branches will spread their rays on your flesh…

Magie du peintre

Hendécasyllabe

Devant un paysage, un peintre installé
Esquisse un ouvrage pour lui donner vie
Coups de pinceaux derrière son chevalet
Par morceau, s'étend la série de lavis

Puis, touche après touche, l'allée spiralée
Bordée d'azalée jaillit, portant envie
Baignée dans une symphonie pétalée
Où débouchent deux chats assis et ravis

Là, chacun observe à travers la feuillée
Un souriceau gris, grignotant du carvi
Qui, par des moineaux dorés, est poursuivi

Avec la magie, toujours l'âme éveillée
Le peintre produit, au gré de ses envies
Un sentiment pour les cœurs émerveillés...

Painter's magic

In front of a landscape, a painter installed
Sketches a work to give it life
Brushstrokes behind his easel
By piece, the series of washes extends

Then, touch after touch, the spiral alley
Bordered with azalea springs, carrying desire
Bathed in a petal symphony
Where two cats sit and delight

There, each one observes through the foliage
A grey mouse, nibbling on caraway
Who, by golden sparrows, is chased

With magic, always the soul awoke
The painter produces, according to his wishes
A feeling for the amazed hearts…

Les Églantines Tourmalines

Rombelle, Poésie du XXI

Des églantines culminent en haut de la colline
Au ciel naphtaline, une mousseline vagueline
Qui illumine la crinoline de lueurs sanguines
Où au vent hyalin dodelinent les fleurs pétalines

Au lointain, un poète chemine et imagine
Des rimes divines, un refrain à la mandoline
Des églantines culminent en haut de la colline
Au ciel naphtaline, une mousseline vagueline

Un parfum qui se mousine jusqu'à la popeline
D'un artiste, à la craie peint, un dessin se dessine
Au ciel naphtaline, une mousseline vagueline
Des églantines fulminent en haut de la colline

Qui domine sur un printemps, un embrun d'étamines
Et s'agglutine au dessin, sur l'artiste qui patine
Le destin, badinant le poète qui s'aroutine
Le temps débine sur les églantines tourmalines

Au ciel naphtaline, une mousseline vagueline
Des églantines fulminent en haut de la colline...

The Tourmaline Eglantines

Rombelle, Poetry of the XXI

Eglantines culminate on top of the hill
In the naphthaline sky, a muslin make waves
Which illuminates the crinoline with blood-red glows
Where in the hyaline wind nod the crystalline flowers

In the distance, a poet walks and imagines
Divine rhymes, a refrain on the mandolin
Eglantines culminate on top of the hill
In the naphthaline sky, a muslin make waves

A perfume that drizzles to the poplin
From an artist, with chalk paints, a drawing is drawn
In the naphthaline sky, a muslin make waves
Eglantines fulminate on top of the hill

Who dominates on a spring, a spray of stamens
And clumps to the drawing, on the artist who skates
Destiny, flirting with the poet who walks
Time flies on tourmaline eglantines

In the naphthaline sky, a muslin make waves
Eglantines fulminate on top of the hill…

Les Patios de Cordoue

Hendécasyllabe

Dans l'or rougeoyant du ciel, le soir descend
Révélant la symphonie des coloris
Sur les patios de Cordoue fleurissants
Là, s'admirent les milliers de pots fleuris

Œillets, jasmin, géraniums, muscari,
Ornent les murs et escaliers verdissants
Mêlant la bougainvillée dans sa soierie
À agrémenter l'espace orangissant

Dans les chauds patios où l'amour se ressent
L'admiration danse et semble nourrie
D'émotion, de paix, au jour finissant
Garnissant l'euphorie de doux coloris

Dans l'or rougeoyant du ciel, le soir descend
Berçant le festival, primant la féerie
Dans les patios de Cordoue florissants
L'art floral se loue pour que la vie sourie...

The Cordoba's Patios

In the glowing gold of the sky, the evening descends
Revealing the symphony of colors
On the flowering patios of Cordoba
There, thousands of flowerpots admire each other

Carnations, jasmine, geraniums, muscari,
Adorn the walls and green stairs
Mixing the bougainvillea in its silk
To decorate the orange space

In the warm patios where love is felt
Admiration dances and seems nourished
By emotion, peace, at the end of the day
Filling euphoria with sweet colors

In the glowing gold of the sky, the evening descends
Rocking the festival, rewarding the fairy
In the flowering patios of Cordoba
Floral art praises itself so that life smiles...

Mascarade

Hendécasyllabe

Viens, danser au bal masqué de Venise
Où chacun porte un masque différent
Parmi l'exaltation qui s'harmonise
À s'ébaudir des instants exubérants

Ainsi déguisé, chacun se courtise
Du couchant au levant, l'esprit soupirant
Viens, danser au bal masqué de Venise
Où chacun porte un masque différent

À travers l'illusion qui s'improvise
De sentiments dissimulés, récurrents
Cavalcade la vie et ses surprises
Une mascarade qui suit le courant

Entre les désirs et regards attirants
Un monde itinérant, sympathise
Où chacun porte un masque différent
Pour qu'à Venise, le bal s'éternise...

Pour un temps, chaque vie se colorise
Et se mignardise à chaque printemps...

Masquerade

Come, dance at the masked ball in Venice
Where everyone wears a mask different
Among the exaltation that harmonizes
To savor moments exuberant

Thus disguised, everyone courts each other
From night to dawn, the spirit sighs
Come, dance at the masked ball in Venice
Where everyone wears a mask different

Through the illusion that improvises
From hidden feelings, recurrent
Flows life and its surprises
A masquerade that follows the current

Between attractive looks and desires
A wandering world, sympathizes
Where everyone wears a mask different
So that in Venice, the ball eternises…

For a time, each life colorizes
And is pampering in every spring…

Caravane de Nacarat

Hendécasyllabe

Le soleil teint l'horizon de nacarat
L'or des rayons et nuages vermillon
Parallèles à chaque almicantarat
Prospèrent sur un rêve d'évasion

La poussière soulevée des méhara
Berce l'ondulation des cargaisons
Et sur l'imagination d'Apsara
Naissent les mirages au néant profond

Au campement vagabond, les esprits vont
Fleurir l'odeur au ragoût d'aouara
Et le vent nourri porte les tourbillons
Au cœur des dunes, au bord du Sahara

Sur les routes de soie, en procession
Défile un convoi, le long des rivieras
Chargé de croyance et de tradition
Sous un soleil luisant aux mille carats...

Nacarat's caravan

The sun dyes the nacarat's horizon
The gold of the rays and vermilion clouds
Parallel to each almicantarat
Thrive on a dream of escape

The dust raised by the mehara
Swings the undulation of the cargoes
And on the imagination of the godness Apsara
Mirages are born to the deep nothingness

At the wandering camp, the spirits go
To flower the smell of aouara stew
And the wind-fed carries the whirlwinds
To the heart of the dunes, on the edge of the Sahara

On the silk roads, in procession
A convoy passes along the rivieras
Loaded with belief and tradition
Under a radiant sun with a thousand carats…

Carnaval de Rio de Janeiro

Porté par l'onde enivrée de Samba
Le carnaval de Rio crie ses « Houba »
Sur le tempo des sifflets et des tambours
S'écoule un flot incessant, nuit et jour

De chars bariolés, de danseurs arc en ciels
Charrient, endiablés, la foule démentielle
Où s'associent les cuícas aux zabumbas
Jusqu'à l'aurore, à faire la nouba

C'est tout un peuple métissé qui s'ébat
Mêlant plumes et paillettes aux gambas
Oubliant la misère le long du parcours

Et sur le Corcovado, un Christ d'amour
Bat la mesure, quand Rio fête plus bas
Sa démesure, enivrée de Samba…

Rio de Janeiro's carnival

Carried by the inebriated Samba's wave
The Rio carnival shouts its "Houba"
On the tempo of whistles and drums
flow, day and night, in incessant flows

From colorful chariots, rainbow dancers
Carry, frenzied, the demented crowd
Where are associated cuicas and zabumbas
Until dawn, to party

It's a whole mixed people who frolic
Mixing feathers and sequins with gambas
Forgetting misery along the way

And on the Corcovado, a love's Christ
Beats the measure, when Rio celebrates below
Its excess, inebriated by Samba…

Holi, à la folie

Voici le jour J, voici *Holi
Où brasillent les nuées colorées
En suspension, la poudre polie
Maquille les visages décorés

Et l'on projette mille couleurs
Dans l'air, sur la foule aspergée
La joie erre, maquille les cœurs
Poudrés d'une harmonie émergée

Voici Holi voici la magie
Qui fête l'arrivée du printemps
Nimbé de grains au ciel assagi
En éclosion, règnent les pigments

Autour du feu *Holika, les chœurs
Enflammés, crient, chantent, hébergés
De folie aux multiples senteurs
Où rient les coloris submergés

Voici le jour J, voici Holi
Un pur carnaval édulcorant
Ici on cavale, on se salit
Dans la frénésie des colorants…

Holi : Fête des couleurs à l'équinoxe du printemps
Holika : Divinité hindoue, grand feu allumé le premier jour de la Holi

Holi, madly

Here is the D-day, here is *Holi
Where colorful clouds shine
In suspension, the polished powder
Make up the decorated faces

And we project a thousand colors
In the air, on the sprayed crowd
Joy wanders, make up hearts
Powdered with an emerged harmony

Here is Holi here is the magic
Who celebrates the arrival of spring
Nimbed with grains in the calm sky
In bloom, pigments reign

Around the fire *Holika, the choirs
On fire, scream, sing, housed
Of madness with multiple scents
Where submerged colors laugh

Here is the D-day, here is Holi
A pure sweetening carnival
Here we run, we get dirty
In the frenzy of colorants …

Holi: Festival of colors at the spring equinox
Holika: Hindu deity, great fire lit on the first day of Holi

Week-end à Rhodes

Week-end à Rhodes, jusqu'à l'Antipode
D'un épilogue, sur la perl' des îles
L'amour en vogue, déferle, jubile
Sur notre exode, Week-end à Rhodes

Et sur les traces, d'un colosse, t'offrir
Un espace, ta géode, ton empire
Un amour baigné, de mers émeraude
Emplis de baisers, sur tes lèvres chaudes

Je voudrais tant, être ton électrode
Sur le remblai où les rêves se brodent
Éveiller la passion, pouvoir t'éblouir
Comme deux électrons, libres s'attirent

Et dans la cité médiévale, bâtir
L'attraction ovale, palais du plaisir
Et aux désirs aussi anciens qu'Hérode
Quand s'élèvent la nuit de vieux rhapsodes

Week-end à Rhodes, escale à la mode
Notre épilogue, tous deux en exil
L'amour vogue, sur la perle des îles
À notre exode, Week-end à Rhodes…

Weekend in Rhodes

Weekend in Rhodes, up to the Antipode
Of an epilogue, on the pearl of the islands
Love in vogue, surges, rejoices
On our exodus, Weekend in Rhodes

And on the traces, of a colossus, to offer you
A space, your geode, your empire
A love bathed, in emerald seas
Filled with kisses, on your warm lips

I would love so much, to be your electrode
On the embankment where dreams are embroidered
To awaken the passion, to dazzle you
Like two free electrons, attract each other

And in the medieval city, build
The oval attraction, palace of pleasure
And to desires as old as Herod
When old rhapsodes rise at night

Weekend in Rhodes, fashionable stopover
Our epilogue, both in exile
Love sails, on the pearl of the islands
To our exodus, Weekend in Rhodes…

Sur la pointe des perles

Hendécasyllabe

Se hisse l'iris où glisse le ruisseau
Qui suit le lit clair sur la pointe des perles
Coulisse parmi les jeunes arbrisseaux
Pour éperler la rive bordée de berles

Caprice du ciel gris, les pleurs en lambeaux
Finissent en pluie, sitôt qu'un flot déferle
Au tracé jadis qui sort de son berceau
L'eau fuit le lit clair sur la pointe des perles

Complice le temps esquisse un renouveau
Qui suit le lit clair sur la pointe des perles
Au fil de l'eau, à l'orée des caniveaux
S'évanouissent sanglots au chant du merle...

On the tip of the pearls

The iris rises where the stream slides
Which follows the clear bed on the tip of the pearls
Slips among the young shrubs
To bead the bank bordered by water parsnips

Whim of the gray sky, tears in shreds
End in rain, as soon as a wave breaks
On the track once that comes out of its cradle
The water flees the clear bed on the tip of the pearls

Accomplice time sketches a renewal
Which follows the clear bed on the tip of the pearls
Along the water, at the edge of the gutters
Sobs vanish to the song of the blackbird…

Deux Cygnes Drensitifs

Hendécasyllabe

Un rideau plumeux de roseaux tapisse
Les bords sinueux d'un grau artificiel
Où les lis d'eau valsent au tempo inertiel
Entre les interstices au vent plaintif

Fluctuant deux pantomimes complices
S'emploient aux ébats lyriques et sensuels
Déployant le blanc sublime de leurs ailes
Où ondoie un chant magique et festif

Ainsi s'entend au vent l'hymne drensitif
S'écumant le jour où les fleurs fleurissent
Tel l'amour tout court, vole vers l'essentiel

Au-delà des drèves, au-delà des ifs
La joie s'élève sur l'onde et glisse
Comme un rêve s'éclipse vers le ciel…

Drensitif : Qui a le chant du cygne

Two Drensitive Swans

A feathery curtain of reeds lines
The sinuous edges of an artificial channel
Where water lilies dance to the inertial times
Between the interstices of the plaintive wind

Fluctuating two complicit pantomimes
Employ themselves in lyrical and sensual frolics
Deploying the sublime white of their wings
Where a magical and festive song undulates

Thus is hearding in the wind the drensitive hymn
Foaming on the day when flowers bloom
Like love in short, flies towards the essential

Beyond the groves, beyond the yews
Joy rises on the wave and glides
Like a dream fades away towards the sky…

Drensitive : Who has the swan song

La Féerie des Sansonnets

Du lever d'aurore au couchant rebelle
Sur l'estran où l'algue étire sur l'ambre
Flétrissant la vague au soir de décembre
Les étourneaux vifs dessinent des ombelles

Des figures esquissées qui se morcellent
Des arabesques cendrées qui se cambrent
Un orchestre ébénin qui se démembre
En morceaux furtifs lovant l'azuré du ciel

De ces tendres accords aux friselis d'ailes
S'entend la pure psalmodie aux oreilles
Unissant l'harmonie vibrante en éveil

Ô douces compositions qui émerveillent
Par de dives murmurations qui s'éveillent
Mêlant ombre, volupté, frisson en plein ciel…

The Magic of Starlings

From dawn to the rebellious sunset
On the shore where the algae stretches on amber
Withering the wave on a December evening
The lively starlings draw umbels

Sketchy figures that crumble
Ashen arabesques that arch
An ebony orchestra that dismembers itself
In fleeting pieces curling the azure of the sky

From these tender accords to the rustling of wings
Heards the pure psalmody to the ears
Uniting the vibrant harmony in awakening

Oh sweet compositions that marvel
By divine murmurations that awaken
Mixing shadow, voluptuousness, shiver in full sky…

Le ballet du silence

Hendécasyllabe

En dormance le doux ballet du silence
Sur l'étang drapé d'un fin châle d'argent
Est tombé du firmament et se condense
Dans les muets reflets étoilés changeants

Aucun bruit dans cette sourde ambiance
Seul, deux amoureux enlacés, gambergeant
Contemplent dans l'eau, une lune qui danse
Parmi les blêmes nénuphars surnageant

Puis le matin pointe son nez, émergeant
A travers les longs roseaux qui se balancent
Égayant l'orangé du ciel qui avance

Pourtant le silence devient dérangeant
Autant que la nuit reposée, en partance
Pour qu'à la fin, calmement, tout recommence...

The silence's ballet

In dormancy the sweet ballet of silence
On the pond draped in a fine silver shawl
Felt from the firmament and condenses
In the changing starry silent reflections

No noise in this deaf ambiance
Only two lovers embraced, gamboling
Contemplate in the water, a dancing moon
Among the pale water lilies floating

Then morning comes, emerging
Through the long reeds that swaying
Brightening the orange sky advancing

Yet silence becomes disturbing
As much as the rested night, departing
So that in the end, calmly, everything starts again…

Beauté Céleste

Hendécasyllabe

Dans l'eau, une lune muette éclaire
Les ronds dansants charmés d'un ciel étoilé
Où les rayons reflètent tout l'univers
Composé de nébuleuses dévoilées

Et parmi ce noir noyé de matière
Drapé dans un cocon outremer voilé
Un fin croissant révèle ses poussières
Exposant ses merveilles entoilées

Sur l'étang, lacté de reflets constellés
Où gravitent des galaxies pastellées
S'imaginent des rêves peinturlurés

Qui s'animent, devant des yeux azurés
Toute la beauté céleste capturée
Aux confins de l'immensité mantelée…

Celestial Beauty

In the water, a silent moon illuminates
The enchanted circles dancing from a starry sky
Where the rays reflect the entire universe
Composed of unveiled nebulae

And among this black drowned in matter
Drapped in a veiled overseas cocoon
A thin crescent reveals its dust
Exposing its starry wonders

On the pond, milky with starry reflections
Where revolve pastel galaxies
Painted dreams are imagined

That come to life before azure eyes
All the celestial beauty captured
At the confines of the mantled immensity…

Magie Stellaire

duo

Quand tu t'endors, Ô ciel, tu refermes tes ailes
Tu balaies mes yeux de mille feux rougeoyants
Dansant au tempo fragile de tes chandelles
L'astre roi jette un drapé de tons chatoyants

À l'unisson, anges et démons se réveillent
Au cœur outremer de tes tulles étoilés
Révélant tes univers secrets, ô merveilles
Qu'éclaire ton inquiétante amie voilée

Sur ma peau frémissante je sens un soufflet
Une étrange force invisible qui m'appelle, m'ensorcelle
Me régénère et me guide vers son reflet
Explosant sur la mare rendue devenue si belle

Ciel d'été, chemin d'espoir et maître absolu
Tu ranimes la flamme de vies délaissées
Tu les illumines de rêves irrésolus
D'un rai, poudre leurs paupières abaissées...

Stellar Magic

duo

When you fall asleep, Oh sky, you close your wings
You sweep my eyes with a thousand glowing fires
Dancing to the fragile tempo of your candles
The king of stars throws a draped of shimmering tones

In unison, angels and demons awaken
In the overseas heart of your starry tulles
Revealing your secret universes, Oh wonders
That your disturbing veiled friend illuminates

On my quivering skin I feel a light breeze
A strange invisible force that calls me, bewitches me
Regenerates me and guides me to its reflection
Exploding on the pond has become so beautiful

Summer sky, path of hope and absolute master
You revive the flame of neglected lives
You illuminate them with unresolved dreams
With a ray, powders their lowered eyelids…

Voile aux mille splendeurs

Attendant la venue brumeuse du matin
J'ai vidé mon âme de toute sa pudeur
Pour l'exposer à tes yeux, tel les embruns
Qui aurait étalé le charme de sa splendeur

En retirant le voile aux mille mirages
J'ai découvert mon cœur taché d'anathème
L'ai traîné dans la fange du marécage
Où vit mon esprit secoué de dilemmes

Mon âme épuisée par toutes ces souffrances
Je demandais si, à la grande faucheuse
Elle ne devait offrir son corps en allégeance

L'aube venue, mon cœur redevint clairière
Où fleurissent de douces pensées lumineuses
Ainsi ai-je retrouvé mon voile aux mille lumières...

Veil with a thousand splendors

Waiting for the misty arrival of the morning
I emptied my soul of all its modesty
To expose it to your eyes, like the spray
Who would have spread the charm of his splendor

By removing the veil of a thousand mirages
I discovered my heart stained with anathema
Dragged it into the mire of the swamp
Where lives my spirit shaken by dilemmas

My soul exhausted by all these sufferings
I asked if, to the great reaper
She did not have to offer her body in allegiance

Dawn came, my heart became clearing again
Where bloom sweet luminous thoughts
So I found my veil of a thousand lights…

Hymne à la Lune Rubescente

Sur la dune, est venue la lune cirrhosée
Éclipsant les nuées d'ombre au vent incessant
Au-dessus d'un océan sombre et mugissant
Où les grains de sable fin brassés sont arrosés

Soudain elle croît, éployant ses rayons amarrés
Pour épancher l'opalin flamboie au bain moussant
Entre les vagues ondulées et récifs perçants
Où les algues bercées bruissent au cours des marées

Ô belle lune pour toujours *yo te amaré
Lorsque la nitescence saigne, bouleversant
Lagune et dune, sur chacun de leurs versants

Quand Sélène a goûté au flux opalescent
Jusqu'à l'ébène empyrée et d'or chamarré
Où dans les flots s'est baigné mon cœur incandescent…

yo te amaré : Je t'aimerai

Hymn to the Rubescent Moon

On the dune, the cirrhotic moon came
Eclipsing the shadow clouds in the constant wind
Over a dark and roaring ocean
Where the stirred grain of fine sand is watered

Suddenly it grows, unfolding its tied rays
To spill the opaline glow into the bubble bath
Between the undulating waves and sharp reefs
Where during the tides whisper the algae cradled

Oh beautiful moon forever I will love you
When nitescence bleeds, upsetting
Lagoon and dune, on each of its slopes

When Selene has tasted the opalescent flow
Up to the ebony firmament and golden scorched
Where in the waves my incandescent heart bathed…

Effacer une étoile

Pour effacer une étoile
Prendre une larme
Ou deux, ou trois ou quatre
Selon l'envie
La déposer
Sur un cœur en chiffon
Et frotter,frotter
Frotter
Jusqu'à user
Un coin de ciel
Et dans l'avenir rétro
Une autre étoile naîtra
De nouveau…

To erase a star

To erase a star
Take a tear
Or two, or three or four
Depending on the desire
Place it
On a rag heart
And rub, rub
Rub
Until worn out
A corner of sky
And in the retro future
Another star will be born
Again…

Libre à vous d'en faire autant

Hendécasyllabe

Les blancs nuages dansent avec les vagues
Au loin, sur l'horizon des événements
Ils semblent boursoufler comme des airbags
Yoyotant sur l'océan noir doucement
Libre à vous d'imaginer ce beau moment

Les blancs nuages dansent avec les vagues
Pivotants sur l'horizon, virevoltants
Ils semblent musarder à faire des blagues
Irisant l'écume d'un blanc éclatant
Libre à vous de profiter de l'existant

Les blancs nuages dansent avec les vagues
Et percutent la lune de temps en temps
Mêlant la passion au jeu de la drague
S'aimer seulement, comme passe le temps
Libre à vous, finalement d'en faire autant...

Free to you, to do the same

The white clouds dance with the waves
Far away, on the horizon of events
They seem to swell like airbags
Wobbling on the black ocean softly
Free to you to imagine this beautiful moment

The white clouds dance with the waves
Turning on the horizon, twirling
They seem to dawdle to make jokes
Iridescent the foam with a bright white
Free to you, to enjoy the existing

The white clouds dance with the waves
And hit the moon from time to time
Mixing passion with the flirting's game
To love only, as time passes
Free to you, to do the same, in the end…

Prémonitions

Est-ce un rêve ou l'imagination ?
La passion court selon mon inspiration
J'ausculte un cœur, offrant ses pulsations
Drôle de saison pour des prémonitions

Sur le fil du temps à chaque lunaison
Mes rêves, mon corps sont en ébullition
Je te vois, te perçois comme l'illusion
Comme un printemps pour des prémonitions

Puis je te ressens lors de notre fusion
Impressions, sensations, émotions, union
Dans ma vision l'amour est la solution
Et le bonheur, une dive équation

Ô que j'aime tes mots, ta déclaration
Mille "Je t'aime" s'imprègnent en mention
Sur ma chair, tes baisers en élévation
Éclairent nos songes d'illumination...

Drôle de saison pour des prémonitions...

Premonitions

Is it a dream or imagination ?
Passion runs according to my inspiration
I listen to a heart, offering its pulsations
Strange season for premonitions

On the thread of time at each lunation
My dreams, my body are boiling
I see you, perceive you as an illusion
Like a spring for premonitions

Then I feel you during our fusion
Impressions, sensations, emotions, union
In my vision love is the solution
And happiness, a divine equation

Oh how I love your words, your declaration
A thousand "I love you" imprint as a mention
On my flesh, your kisses in elevation
Illuminate our dreams of illumination…

Strange season for premonitions…

Mon Parapluie

Ouvert mon parapluie a une grande ampleur
Sa toile, de l'arc en ciel, a pris les couleurs
Ouvert mon parapluie me protège des pleurs
De l'effervescence du ciel, fuyant l'heure

Ouvert mon parapluie a la forme d'un cœur
Sur le fil suspendu, j'avance, comme un bateleur
Ouvert mon parapluie, balance parmi les chœurs
En dépit des oscillations, d'un vent vif et cavaleur

Ouvert mon parapluie a une grande pâleur
La nuit, il s'envole vers des rêves enjôleurs
Ouvert mon parapluie court vers un ailleurs
Où l'amour serait sur Terre, l'Essentielle Valeur...

My Umbrella

Opened my umbrella to a great breadth
Its canvas, of the rainbow, took the colors
Opened my umbrella protects me from tears
From the effervescence of the sky, fleeing the hour

Opened my umbrella has the shape of a heart
On the suspended wire, I advance, like a tightrope walker
Opened my umbrella, swings among the choirs
Despite the oscillations, from a wind lively and runner

Opened my umbrella has a great pallor
At night, it flies away to seductive dreams
Opened my umbrella runs towards somewhere else
Where love would be on Earth, the Essential Value…

La légende du Pont des Amours

Brelan, Poésie du XXI

Sous le pont des Amours
Embelli par les Belles de jours
Deux cœurs se sont aimés
Embrasés sous des cieux essaimés

Là, la légende s'est déployée
Parmi les flots du cours
Où rondinent les amants noyés
Sous l'éon de l'Amour

Et sous l'ample arche
Où la tendresse gondoline
En haut d'une marche
On embrasse sa Valentine

Sous le pont des Amours
Assailli par le lever du jour
Deux cœurs sont dessinés
Fleuris de deux noms accoquinés

Pour qu'ils s'aiment toujours
Sous le pont des Amours…

The Love's Bridge legend

Brelan, Poetry of the XXI

Under the love's bridge
Embellished by the day's beauties
Two hearts loved each other
Embraced under scattered skies

There, the legend unfolded
Among the course's waves
Where drowned lovers swirl
Under the aeon of Love

And under the ample arch
Where runs the tenderness
At the top of a step
We kiss our Valentine

Under the love's bridge
Assailed by the dawn
Two hearts are drawn
Flowered with two names coupled

So that they love each other forever
Under the love's bridge…

Ton coin secret : Ton sourire

Triolet

Sur ta bouche en pulpe dorée
Mon doigt pointe tel un fleuret
Ce coin secret de tes sourires
Sur ta bouche en pulpe dorée
S'élance un désir de l'effleurer
Ce coin secret de tes sourires
Sur ta bouche en pulpe dorée
Mon doigt pointe tel un fleuret

Mes lèvres ont posé un baiser
Sur ta bouche en pulpe dorée
Chuchotant l'orée d'un poème
Mes lèvres ont posé un baiser
Se pâmant d'un désir bohème
Ravissant un esprit revigoré
Mes lèvres ont posé un baiser
Sur ta bouche en pulpe dorée

Où jaillit l'éclat de tes pensées
Des mélopées, aux cieux encensés
Trillées par l'alouette d'été
Où jaillit l'éclat de tes pensées
Bercé d'amour aux vers cadencés
Alliant beauté, grâce, volupté
Où jaillit l'éclat de tes pensées
Des mélopées, aux cieux encensés...

Your secret corner: Your smile

Triolet

On your golden pulpy mouth
My finger points like a foil
This secret corner of your smiles
On your golden pulpy mouth
A desire to touch it rushes
This secret corner of your smiles
On your golden pulpy mouth
My finger points like a foil

My lips have placed a kiss
On your golden pulpy mouth
Whispering the beginning of a poem
My lips have placed a kiss
Swooning with bohemian desire
Delighting a refreshed spirit
My lips have placed a kiss
On your golden pulpy mouth

Where the brilliance of your thoughts gushes out
Melodies, incensed to the skies
Trilled by the summer lark
Where the brilliance of your thoughts gushes out
Rocked by love with rhythmic verses
Combining beauty, grace, and voluptuousness
Where the brilliance of your thoughts gushes out
Melodies, incensed to the skies…

Au parchemin de l'Amour

C'est grâce aux nobles manuscrits
Que les histoires d'amour s'étudient
Elles sortent des vieux grimoires
Comme un séculaire clavecin
Réitérant des notes méritoires
Pour évoquer l'amour de nos anciens

Sur les parchemins de l'amour
S'écrivait à l'encre des toujours
Tout comme nous ils aimaient
De la lumière, tributaires ils étaient
Comme l'amour s'élève au soleil
Dès qu'un rayon s'éveille

Avaient ils encore ce besoin
Quand couchés dans le foin
D'amour et d'aimer la vie
Ils roucoulaient alors ravis
Si cela ne nous est pas conté
C'est à nous de l'inventer...

On the Love's parchment

It is thanks to the noble manuscripts
That love stories are studied
They come out of the old spellbooks
Like an ancient harpsichord
Repeating meritorious notes
To evoke the love of our ancestors

On the parchments of love
Was written in the ink of forever
Just as us they loved
From the light, dependents, they were
As love rises to the sun
As soon as a ray awakens

Did they still need this
When lying in the hay
From the love and to love a life
They cooed then delighted
If this is not told to us
It is up to us to invent it…

À Cœur Battant

Un simple message,
Pour que ton souffle, façonne les nuages…

Mais ainsi s'en allaient les brumes de jeunesse
Emportant ton sourire aux portes de la nuit
Et moi je restais là, cloué contre ton huis
Cherchant l'or dans tes yeux où jadis la tendresse

La tendresse dansait comme nous nous aimions
La flûte du printemps, le vol des papillons
Le mépris du malheur, aux lèvres la chanson
De nous aimer toujours, ô la douce oraison

Ô la douce oraison que la raison perdit
Dans les sentiers glacés où les autres guettaient
Le moment de cueillir les larmes emmêlées
De nos amours volées au chevet de leur lit

De ces heures volées de bonheur remboursées
Par nos larmes amères, je ne regrette rien
Mon adorable amour et mon rêve aérien
Si demain je devais ou renaître ou t'aimer

Mon amour, mon vaillant palpitant…
À nouveau, je t'aimerais, le cœur battant...

With a Beating Heart

A simple message,
For your breath, to shape the clouds…

But thus went away the mists of youth
Taking your smile to the gates of the night
And I stayed there, nailed against your door
Looking for gold in your eyes where once tenderness

Tenderness danced as we loved each other
The flute of spring, the flight of butterflies
The contempt of misfortune, on the lips the song
Of loving each other always, oh the sweet prayer

Oh the sweet prayer that reason lost
In the icy paths where the others watched
The moment to pick the tangled tears
Of our loves stolen at the bedside of their bed

From these stolen hours of happiness repaid
By our bitter tears, I regret nothing
My adorable love and my airy dream
If tomorrow I had to either be reborn or love you

My love, my valiant throbbing…
Again, I would love you, with a beating heart…

Aimer sous le couchant

À l'écume du soir la vague se dénoue
Nos ombres allongées, on n'en voit plus la tte
Les bateaux embrumés de la poupe à la proue
Et le seul cri certain est celui des mouettes

Qu'il est bon de rêver !

À l'incertain des mots répondent les corps chauds
Par de larges élans, comme des océans
Qui menacent le ciel de songes abyssaux
Et partent à l'assaut en éternels amants

Qu'il est beau le couchant !

Au reflet qui surgit de la lune à tes yeux
J'appose le miroir sans tain de mon regard
À tes lèvres se pose un cri silencieux
Nos mains font un anneau scellé dans le hasard

Qu'il est doux de t'aimer !...

Love under the sunset

With the foam of the evening the wave unravels
Our elongated shadows, we no longer see the head
The boats misted from stern to bow
And the only certain cry is that of seagulls

How good it is to dream!

To the uncertain words respond the warm bodies
By wide impulses, like oceans
That threaten the sky with abyssal dreams
And go on the attack as eternal lovers

How beautiful the sunset is!

To the reflection that arises from the moon in your eyes
I apply the one-way mirror of my gaze
A silent cry rests on your lips
Our hands make a ring sealed in chance

How sweet it is to love you!..

Des petits morceaux de papier

Des petits morceaux de papier
Tombent du ciel et sur le bois
De là-haut des génies discrets
Secouent des nuages de soie

D'en bas les arbres sont si hauts
Tous couverts d'un fin duvet blanc
D'en bas les arbres sont si beaux
En hiver sous un ciel étincelant

Des petits cristaux de papier
Tombent du ciel et sur le bois
D'ici les ramures enneigées
Bercent un ciel pétri de froid

D'en bas les arbres sont si hauts
Tous protégés dans ce fluide cocon
Et pourtant immenses au ciel indigo
Enveloppé de millions de flocons

Des petits morceaux de papier
Neigent au ciel et sur le bois
De là-haut des géants discrets
Allègent des édredons de soie…

Little pieces of paper

Little pieces of paper
Fall from the sky and on the wood
From above discreet geniuses
Shake silk clouds

From below the trees are so high
All covered with a thin white down
From below the trees are so beautiful
In winter under a sparkling sky

Little paper crystals
Fall from the sky and on the wood
From here the snowy branches
Rock a sky kneaded with cold

From below the trees are so high
All protected in this fluid cocoon
And yet immense in the indigo sky
Wrapped in millions of flakes

Little pieces of paper
Snow in the sky and on the wood
From above discreet giants
Lighten silk duvets…

Le cygne porte l'hiver

Pantoum

Le cygne porte l'hiver sur les ailes
Par des vols gracieux et fugaces
Au lac gelé effleurant la surface
Plumes et flocons blancs se mêlent

Par des vols gracieux et fugaces
Deux cygnes majestueux étincellent
Plumes et flocons blancs se mêlent
Dans un ballet d'une infinie grâce

Deux cygnes majestueux étincellent
Ils pendulent, ondulent et s'enlacent
Dans un ballet d'une infinie grâce
Sur les flots chantants et rebelles

Ils pendulent, ondulent et s'enlacent
Pétales d'ailes comme deux ombelles
Sur les flots chantants et rebelles
Au bal du temps qui passe et s'efface

Pétales d'ailes comme deux ombelles
Neigeant d'immaculé qui les embrasse
Au bal du temps qui passe et s'efface
Le cygne porte l'hiver sur les ailes...

The swan carries winter

Pantoum

The swan carries winter on its wings
By graceful and fleeting flights
At the frozen lake touching the surface
Feathers and white flakes mingle

By graceful and fleeting flights
Two majestic swans sparkle
Feathers and white flakes mingle
In a ballet of infinite grace

Two majestic swans sparkle
They sway, undulate and embrace
In a ballet of infinite grace
On the singing and rebellious waves

They sway, undulate and embrace
Petal wings like two umbels
On the singing and rebellious waves
At the ball of time that passes and fades

Petal wings like two umbels
Snowing immaculate that kisses them
At the ball of time that passes and fades
The swan carries winter on its wings...

Je viendrais

Je viendrais te chercher par un matin d'automne
Quand le bel oiseau dort encore sous la ramée
Quand le vent chargé d'eau se tresse des couronnes
De feuilles envolées

Je viendrais tout couvert du givre des aurores
Étincelant d'azur et d'un tendre feuillage roux
Quand le soleil naissant d'une poussière d'or
Pare ses rayons doux

Je viendrais te chercher en ta chaumière blonde
Et tu te vêtiras sans doute d'une hivernale parure
Puis nous irons tous deux en l'automne du monde
Chercher un coin d'azur…

I would come

I would come to pick you up on an autumn morning
When the beautiful bird is still sleeping under the foliage
When the beautiful bird is still sleeping under the branches
When the water-laden wind weaves crowns
Of flying leaves

I would come all covered with frost from dawn
Dazzling with azure and tender russet foliage
When the rising sun from a golden dust
Adorns its gentle rays

I would come to pick you up in your blond cottage
And you will undoubtedly dress in a winter outfit
Then we will both go into the autumn of the world
To look for a bluish corner…

Les Iris

A nuls autres pareils fleurissent ces éclats
Comme des améthystes, les iris, ici-bas
S'épanouissent au soleil dans le jardin
Et ondulent, légers, en la brise du matin

Les larges pétales violets resplendissent
Comme des améthystes, là-bas, les iris
Où jaillissent leurs fleurs couronnées
Parmi la rosée fraîchement déposée

Dans l'océan de verdure et de fragile soie
Enveloppé d'un fin parfum subtil, ici-bas
Comme des améthystes, les iris d'apparat
Développent la parure du velours délicat

L'inflorescence violacée, avec amour ciselée
Réapparaît toujours, comme chaque année
Comme des frêles artistes, là-bas, les iris
Qui, d'un doux bonheur nous emplissent

Et bercent les yeux et charment le cœur
Pendulent les iris, au soleil, aux parme fleurs
Comme des frêles artistes, les iris, ici-bas
A nuls autres pareils fleurissent ces éclats...

The Irises

These bursts bloom like no other
Like amethysts , the irises, here below
Blossom in the sun in the garden
And sway lightly in the morning breeze

The large violet petals shine
Like amethysts, over there, the irises
Where their crowned flowers burst forth
Among freshly deposited dew

In an ocean of greenery and fragile silk
Wrapped in a fine subtle fragrance, here below
Like amethysts, showy irises
Develop delicate velvet adornment

The violet inflorescence, lovingly chiseled
Reappears always, like every year
Like frail artists, over there, the irises
Who fill us with sweet happiness

And rock our eyes and charm our hearts
The irises hang in the sun with purple flowers
Like frail artists, the irises here below
These bursts bloom like no other…

Sonnet à la Rose

Effeuillant chaque jour une rose d'espoir
J'ai baptisé d'un prénom la fleur divine
Liant le cœur au pétale grenadine
D'un amour satiné se tissant jusqu'au soir

Au jardin d'Orient s'épanouit notre histoire
Le serment d'un baiser de candeur purpurine
Convole vers Atlas, louange célestine
Tel l'alcyon captif des rivages d'ivoire

Asservir à mon âme dans ces rêves illusoires
Ses lèvres m'ont serti le front tant ces moires
L'ont paré de pureté d'une perle fuchsine

Ton nom aimé s'est rivé en ma mémoire
Où sont sacralisés de centuples vouloirs
Unissant la grâce d'une héroïne…

Sonnet to the Rose

Pulling each day a rose of hope
I baptized with a name the divine flower
Linking the heart to the grenadine petal
From a satin love weaving until evening

In the Orient's garden our story flourishes
The oath of a kiss of candor's purple
Flies to Atlas, heavenly praise
Like the wind captive of ivory shores

To enslave to my soul in these illusory dreams
Her lips have crowned my forehead so much these moires
Have adorned it with a fuchsia pearl's purity

Your beloved name has riveted in my memory
Where are sanctified a hundredfold desires
Uniting the grace of a heroine…

Aux couleurs des saisons

Une virgule, une pause
Dans la saison du matin blanc
L'invitation d'une rose
Au nu des parfums de printemps

Un espace, un interlude
Dans la saison du matin gris
Au violon d'un prélude
Où ses pétales se font pluie

Un répit, un silence
Dans la saison du matin bleu
Où bourgeons d'innocence
Ont convaincu l'esprit du feu

Un instant, une seconde
Dans la saison du matin noir
Elle mue sa couleur féconde
Et s'habille d'une autre histoire...

Colors of the seasons

A comma, a pause
In the season by a white morning
The rose's invitation
To the nakedness of spring scents

A space, an interlude
In the season by a grey morning
To the violin of a prelude
Where its petals become rain

A respite, a silence
In the season by a blue morning
Where buds of innocence
Have convinced the fire's spirit

A moment, a second
In the season by a black morning
Changes its fertile color
And dresses from another story…

Quatre Saisons d'Amour

Je voulais t'offrir des poésies sublimes
Des poèmes n'ayant pas été écrits
Au printemps j'ai cultivé de dives rimes
Parmi les fleurs et chaque vers a fleuri

J'ai voulu te conter de belles romances
A l'orée de l'océan, sous un ciel bleu
Dans l'or du sable j'avais écrit des stances
Les flots les ont lues, les ont gardées pour eux

Un soir d'automne afin de t'être agréable
Mes notes, en balade, ont pris leur envol
Pareille à la feuille pourprée de l'érable
Portées au vent, en tapissèrent le sol

Puis l'hiver est venu par un clair matin
Et là, divers oiseaux dans l'essor du jour
Rassemblés au ciel, sur un blanc parchemin
Ont tracé pour toi, un bel hymne d'amour...

Four Love's Seasons

I wanted to offer you sublime poems
Poems that had not been written
In spring I cultivated divine rhymes
Among the flowers and each verse bloomed

I wanted to tell you beautiful romances
At the edge of the ocean, under a blue sky
In the gold of the sand I had written stanzas
The waves read them, kept them for themselves

One autumn evening to please you
My notes, on a stroll, took flight
Like the purple leaf of the maple
Carried by the wind, they covered the ground

Then winter came on a clear morning
And there, various birds in the rise of the day
Gathered in the sky, on a white parchment
They traced for you, a beautiful hymn of love…

Baiser du Printemps

Les prairies d'avril épandent leurs essences
Mêlées de pollen au velours des couleurs
Les oiseaux, au maquis, trillent des romances
Dans l'euphorie des fins brins d'air sur les fleurs

Aux jardins fleuris les couronnes de roses
Blanches, carmin à côté des dahlias
Dressent leurs douces soieries grandioses
Envoûtant de passion les camélias

Au baiser du printemps se vêt la nature
Les vergers enrichis de corolles naines
Dessinent des broderies sur leurs ramures
Où les papillons en ont fait leurs domaines

Le poète alors charmé sous l'arbrisseau
Ouvre son carnet aux rayons de lumière
Et sa plume glissante tel un ruisseau
Écrit de tendres vers extraordinaires...

Spring's kiss

The April's meadows spread their scents
Mixed with pollen on the velvet of colors
The birds, in the maquis, trill romances
In the euphoria of thin strands of air on the flowers

In the flower gardens the crowns of roses
White, carmine next to the dahlias
They raise their soft grandiose silks
Bewitching with passion the camellias

The nature at the spring's kiss dresses
The orchards enriched with dwarf corollas
Draw embroideries on their branches
Where the butterflies have made their domains

Then the poet charmed under the shrub
Opens his notebook to the light's rays
And his sliding pen like a stream
Writes tender extraordinary verses…

L'or de l'été indien

Sur la bure du lointain
Les hêtres sont rouilles
Les feuilles se souillent
Du teint d'été indien

Septembre *avertin
Peu à peu dépouille
La verdeur grenouille
Des pleurs du matin

Sous l'azur des embruns
Un océan se mouille
Au soleil citrouille
Et rejoint l'ambre brun

Et la nature geint
Quand le vent vadrouille
Septembre gribouille
L'or d'un été indien...

avertin : maladie de l'esprit, folie

The indian summer's gold

On the frock far away
The beeches are rusty
The leaves are stained
With the indian summer's hue

September is crazy
Gradually strips
The frog greenery
From the morning tears

Under the sea spray's azure
An ocean gets wet
In the pumpkin sun
And joins the brown amber

And nature groans
When the wind wanders
September scribbles
The gold of an Indian summer...

Crépuscule d'été

Fin d'un beau jour d'été voici le crépuscule
Qui met sur la campagne un tendre apaisement
Tout s'estompe déjà sous le rideau de tulle
Qui semble réunir la terre au firmament

Dans l'air lourd de senteurs où quelques libellules
Font encore palpiter leur archet languissant
Un concert assourdi que mille voix modulent
S'élève un doux prélude, à la nuit qui descend

Le chant de la cigale au chant des blés se mêle
Dans un parfait accord et le pâle asphodèle
Frisonne en sa clarté sur l'ombre des tombeaux

Hymne divin du soir, imposante harmonie
Aux tons atténués si graves et si beaux
Mon cœur avec vous vibre dans cette symphonie...

Summer twilight

End of a beautiful summer day here is the twilight
Which puts on the countryside a tender appeasement
Everything fades already under the tulle curtain
Which seems to unite the earth with the firmament

In the air heavy with scents where some dragonflies
Still make their languid bow quiver
A muffled concert that a thousand voices modulate
Rises a soft prelude, to the night that descends

The cicada's song mixes to the wheat's song
In a perfect agreement and the pale asphodel
Shivers in its clarity on the shadow of the tombs

Divine evening's hymn, imposing harmony
With attenuated tones so grave and so beautiful
My heart with you vibrates in this symphony…

Flambée d'or dans la plaine

Sous l'étoffe d'azur d'un ciel nu et sage
Un sentier blanc courait au flanc d'un vert coteau
De tout voir à l'envers, d'un étang, riait l'eau
La pointe d'un clocher clouait le paysage

Le soleil de juillet accablait le feuillage
Des hautes frondaisons, par-delà le hameau
Et l'on aurait pu croire à la mort de l'ormeau
S'il n'avait dispensé, solitaire et sans âge

La tiédeur de son ombre aux vieillards assoupis
Au bois piqué des bancs qui semblaient accroupis
Le menton appuyé sur leur canne d'ébène

Au loin, dans la moiteur, des femmes sous l'effort
Précédées des faucheurs, dressaient des gerbes pleines
Et la plaine flambait de monticules d'or...

Golden blaze in the plain

Under the azure cloth from a bare and wise sky
A white path ran along the side of a green hill
From seeing everything upside down, from a pond, water laughed
The steeple's tip nailed the landscape

The July sun overwhelmed the foliage
From the high fronds, beyond the hamlet
And one could have believed in the death of the elm
If he had not dispensed, solitary and ageless

The warmth of his shadow to the drowsy old men
In the wood dotted with benches that seemed crouched
The chin resting on their ebony cane

In the distance, in the moisture, women under the effort
Preceded by mowers, raised full sheaves
And the plain blazed with mounds of gold…

Septembre

Sur l'aile du zéphyr qui jase et vagabonde
Passe l'odeur des foins aux reflets diaprés
Septembre resplendit et la récolte abonde
Par les champs et les prés

Les fruits mûrs et dorés jonchent la terre féconde
Les prunelles sauvages envahissent les buissons
Et le soleil qui poursuit sa course autour du monde
S'embrase à l'horizon

C'est l'heure où le troupeau quittant le pâturage
Regagne son étable et longe les vergers colorés
Scrutant d'un regard clair, le ciel pour présage
Chemine solitaire le berger

Un grand apaisement doux et mélancolique
S'étend sur les sentiers, la campagne et les bourgs
La cloche d'une église au vieux clocher gothique
S'égrène aux alentours...

September

On the zephyr's wing who chatters and wanders
Passes the smell of hay with diaphanous reflections
September shines and the harvest abounds
Through fields and meadows

The ripe and golden fruits litter the fertile earth
The wild sloes invade the bushes
And the sun that pursues its course around the world
Flares up on the horizon

It is the hour when the herd leaving the pasture
Returns to its stable and runs along the colored orchards
Scrutinizing with a clear look, the sky for omen
Walks solitary the shepherd

A great sweet and melancholic appeasement
Spreads over the paths, the countryside and the villages
The church's bell with an old Gothic steeple
Rings around…

L'Amour de l'Automne

Un incendie de couleurs flamboie
Teinté de pourpre, d'or et de feu
Lorsque l'aurore naît sur les bois
Apparaît un trésor lumineux

Teinté de pourpre, d'or et de feu
Un festival de feuilles tournoie
Apparaît un décor lumineux
Au cœur des rafales qui festoient

Des pétales de feuilles tournoient
S'entrechoquant, radieux jusqu'aux cieux
Au cœur d'un idéal qui festoie
S'ente un chant d'amour merveilleux

Virevoltant, radieux jusqu'aux cieux
Plusieurs oiseaux aux ailes de soie
Chantent un chant d'amour somptueux
Qui enflamme l'automne de joie

Et maints oiseaux aux ailes de soie
Teintés de pourpre, d'or et de feu
Enflamment l'automne d'autrefois
D'un exploit de couleurs qui émeut…

The Autumn's Love

A fire of colors blazes
Tinged with purple, gold and fire
When dawn is born on the woods
A luminous treasure appears

Tinged with purple, gold and fire
A festival of leaves swirls
A luminous scenery appears
In the heart of the gusts that feast

Petals of leaves swirl
Clashing, radiant to the skies
In an ideal's heart that feasts
A wonderful love song is woven

Twirling, radiant to the skies
Several birds with silk wings
Sing a sumptuous love song
That ignites autumn with joy

And many birds with silk wings
Tinged with purple, gold and fire
Ignite the autumn of yore
With a feat of colors that moves…

Palette automnale

Les arbres en coucher de soleil
Débordent sur l'horizon du soir
Et bientôt quand la nuit se réveille
Toutes ombres viennent à échoir

La palette d'automne émerveille
Et se transforme en onde de moire
Quand les charmes tristes ont sommeil
A l'orée des chemins sans histoire

Balade de feuilles qui gambade
Entre les soupirs parmi les touffes
Vaines prières qu'un vent étouffe

L'automne prend des airs de malade
Les diverses lueurs sur les souches
Donnent la mort par petites touches...

Autumnal palette

The trees in sunset
Overflow on the evening horizon
And soon when the night wakes up
All shadows come to fall

The autumn's palette marvels
And turns into a moire wave
When the sad hornbeam trees have sleep
At the edge of the paths without history

Stroll of leaves that gambol
Between the sighs among the tufts
Vain prayers that a wind stifles

Autumn takes on airs of sick
The various lights on the stumps
Give death by small touches…

Prélude d'automne

Au soleil de midi je rêve d'un automne
Berçant l'infini et d'agonisantes couleurs
De feuilles jaunies, recourbées par la chaleur
Bordant le prélude à la vie qui paonne

Au crépuscule je rêve d'un soir carbone
Quand les volatiles achèvent un chant charmeur
De subtils concerts chamarrés de brève langueur
Bornant le torrent amarré d'un flux synchrone

Au clair de lune, je rêve à la nuit lapone
Scintillant d'une voûte étoilée de blancheur
Où se mêle le rêve aux divines splendeurs

Et là, près de ma brune parmi mille senteurs
Cœur contre cœur, je rêve d'un exaltant bonheur
Où l'amour graverait son prélude d'automne…

Autumn Prelude

In the midday sun I dream of an autumn
Rocking the infinite and dying colors
Of yellowed leaves, curled by the heat
Bordering the prelude to the life that peacocks

At dusk I dream of a carbon evening
When the birds finish a charming song
Of subtle concerts adorned with brief languor
Bounding the torrent moored by a synchronous flow

In the moonlight, I dream of the Lapland night
Sparkling with a starry vault of whiteness
Where the dream mixes with divine splendors

And there, near my lover among a thousand scents
Heart to heart, I dream of an exhilarating happiness
Where love would engrave its autumn prelude…

Joyaux d'automne

Voici venu le temps de la métamorphose
Les parcs et les jardins ont cessé de fleurir
Changeant leur éclat pour procurer du plaisir
Une poésie neuve où s'impose l'osmose

Le prisme d'aurore nous montre ces beaux jours
Et revient nous offrir les joyaux de l'automne
Dans un plus beau décor, parfois même il étonne
Par son côté magique et ses plus beaux atours

Paysage étonnant, de saison automnale
Qui embellit nos jours, somnolant, il s'endort
Se préservant du gel sur son feuillage d'or
Afin de subsister à la trêve hivernale

Demeurant à rêver à son ramage vert
Ce milieu naturel se repose et sommeille
Offrant un trésor avec un motif vermeil
Pour pouvoir résister aux frimas de l'hiver...

Autumn Jewels

Here comes the time of metamorphosis
The parks and gardens have stopped flowering
Changing their brightness to provide pleasure
A new poetry where prevails osmosis

The dawn prism shows us these beautiful days
And comes back to offer us the autumn's jewels
In a more beautiful setting, sometimes even it amazes
By its magical side and its most beautiful finery

Amazing landscape, of autumnal season
Which embellishes our days, dozing, it falls asleep
Preserving itself from frost on its golden foliage
In order to survive the winter break

Remaining to dream of its green plumage
This natural environment rests and sleeps
Offering a treasure with a vermilion motif
To be able to resist the winter cold…

Vigne de vie

Brelan, poésie du XXI

Tout au bord du chemin
Bordé d'arbustes *olivéens
Septembre souligne
Les couleurs d'ambre de la vigne

Des traits et des lignes
Rectilignes ou curvilignes
Imprégnés sur les feuilles carmin
Éclipsés du raisin

Quand l'automne roux égratigne
Le velours vert, commun
S'ancre la maladie bénigne
Tout le long du chemin

Chaque grain trépigne
Espérant la vendange, demain
Attendant un signe
Serein, comme la main du destin

Des traits et des lignes
Estampillés d'âmes malignes
Comme ceux de la main
Où l'esprit déborde sur demain

La vie, un insigne
Que l'automne rouille grafigne...

olivéen : qui a la couleur de l'olive

Life's vine

Brelan, Poetry of the XXI

All by the wayside
Lined with olive bushes
September highlights
The vine's amber colors

Traits and lines
Straight or curved
Impregnated on the carmine leaves
Eclipsed from the grape

When the russet autumn scratches
The green velvet, common
Anchors the benign disease
All along the path

Each grain fidgets
Hoping for the harvest, tomorrow
Waiting for a sign
Serene, like the hand of fate

Traits and lines
Stamped with malignant souls
Like those of the hand
Where the spirit overflows on tomorrow

Life, an emblem
That the rusty autumn scratches…

Novembre chante un requiem

Villanelle

Les cloches résonnent au loin
Novembre chante un requiem
Pour les morts et les défunts

En chœur s'ente le refrain
Supplique sur le même thème
Les cloches résonnent au loin

En ce jour de la Toussaint
On offre des chrysanthèmes
Pour les morts et les défunts

Au vent geignent les chagrins
Comme des liturgies que l'on sème
Les cloches résonnent au loin

Les nonnes prient le divin
Toutes communient en tandem
Pour les morts et les défunts

Pour les âmes et tous les saints
Novembre chante un requiem
Les cloches résonnent au loin
Pour les morts et les défunts...

November sings a requiem

Villanelle

The bells ring far away
November sings a requiem
For the dead and the departed

In chorus engrafts the refrain
Supplication on the same theme
The bells ring far away

On this day of All Saints
We offer chrysanthemums
For the dead and the departed

In the wind moan the sorrows
Like liturgies that we sow
The bells ring far away

The nuns pray to the divine
All commune in tandem
For the dead and the departed

For the souls and all the saints
November sings a requiem
The bells ring far away
For the dead and the departed…

Harmonie du soir

Pantoum stylisé

Quand le rose du ciel autour du Peñon encense le soir
S'égrènent les heures d'une mélancolie d'automne
Où les églantines blanches doucement fanfaronnent
Et illuminent le sentier comme des allumoirs

S'égrènent les heures d'une mélancolie d'automne
Les rais du soleil s'évaporent au fin crêpe ivoire
Et illuminent le sentier comme des allumoirs
Parmi les bruyères d'octobre qui bourgeonnent

Les rais du soleil s'évaporent au fin crêpe ivoire
Dans l'harmonie du soir où deux âmes s'abandonnent
Parmi les bruyères d'octobre qui bourgeonnent
Quand mille fleurs roses luisent comme un espoir

Dans l'harmonie du soir où deux âmes s'abandonnent
Se mêlent au vent les sifflements des merles noirs
Quand mille fleurs roses luisent comme un espoir
Jaillit la passion où les sentiments tourbillonnent

Se mêlent au vent les sifflements des merles noirs
Fuyant l'agonie du soir que deux étoiles sillonnent
Jaillit la passion où les sentiments tourbillonnent
Quand le rose du ciel autour du Peñon encense le soir…

Evening harmony

Stylish pantoum

When the pink of the sky around the Peñon incenses the evening
An autumn melancholy's hours are dotted
Where the white wild roses gently boast
And light up the path like torches

An autumn melancholy's hours are dotted
The sunbeams evaporate in the thin ivory veil
And light up the path like torches
Among the October heathers that bloom

The sunbeams evaporate in the thin ivory veil
In the evening's harmony where two souls surrender
Among the October heathers that bloom
When a thousand pink flowers shine like a hope

In the evening's harmony where two souls surrender
The whistling of blackbirds mingle with the wind
When a thousand pink flowers shine like a hope
The passion bursts where the feelings swirl

The whistling of blackbirds mingle with the wind
Fleeing the evening's agony that two stars plow
The passion bursts where the feelings swirl
When the pink of the sky around the Peñon incenses the evening…

Peñon d'Ifach

Rombelle, Poésie du XXI

Quand le *Peñon s'épanouit dans la brume
Et la mer se savonne, blanchie d'écumes
Au vent l'air gémit, les nuages fument
La grisaille rit sur ses flancs qui s'allument

Comme la brumaille déplie son amertume
Octobre dépérit sur les bois de grume
Quand le Peñon s'épanouit dans la brume
Et la mer se savonne, blanchie d'écumes

A l'heure chérie où le ciel s'enrhume
Calpe se botillonne, fleurit son bitume
Et la mer se savonne, blanchie d'écumes
Quand le Peñon s'évanouit dans la brume

Et lorsque finit la moisson des agrumes
Aux heures bénies, fleurit la commune
Chrétiens et Maures réunis de coutume
Le défilé se décore de costumes et plumes

Et la mer se savonne, blanchie d'écumes
Quand le Peñon s'évanouit dans la brume…

Peñon : Peñón d'Ifach situé à Calpe en Espagne

Peñon of Ifach

Rombelle, Poetry of the XXI

When the Peñon blooms in the mist
And the sea soaps itself, whitened with foam
The wind moans in the air, the clouds smoke
The grayness laughs on its flanks that light up

As the fog unfolds its bitterness
October withers on the logs of wood
When the Peñon blooms in the mist
And the sea soaps itself, whitened with foam

At the beloved hour when the sky catches a cold
Calpe puts on boots, flowers its asphalt
And the sea soaps itself, whitened with foam
When the Peñon fades in the mist

And when the harvest of citrus fruits ends
At the blessed hours, the town blooms
Christians and Moors united by custom
The parade is decorated with costumes and feathers

And the sea soaps itself, whitened with foam
When the Peñon fades in the mist…

Peñon: Peñón d'Ifach in Calpe, Spain

Avec mon cœur, de Calpé

Un soleil jovial darde ses lumières lustrales
Sur la place où l'ennui envahit les terrasses
Sous l'œil indifférent d'un flot d'oiseaux fugaces
Qui s'envolent en chœur vers le ciel matinal

Dans les rues imprégnées d'un calme minéral
Où les rideaux tirés suggèrent des espaces
Un rire torrentiel subitement fracasse
Le ténébreux silence aux senteurs florales

Une fanfare entonne une chanson limpide
Qui répand prestement un espoir splendide
Dans les cœurs endormis des sombres citoyens

Grisés par leurs désirs, deux amoureux, échappés
Tendrement enlacés sur un banc d'un jardin
Creusent un puits de joie au cœur de *Calpé...

Calpé : Calpe, village en Espagne (Costa Blanca)

With my heart, from Calpe

A jovial sun darts its lustrous lights
On the square where boredom invades the terraces
Under the indifferent eye of a stream of fleeting birds
That fly away in chorus towards the morning sky

In the streets impregnated with a mineral calm
Where the drawn curtains suggest spaces
A torrential laughter suddenly shatters
The dark silence with floral scents

A band plays a clear song
That quickly spreads a splendid hope
In the sleepy hearts of the gloomy citizens

Intoxicated by their desires, two lovers, escaped
Tenderly embraced on a bench in a garden
Dig a well of joy in the heart of *Calpe…

Calpe : Calpe, village in Spain (Costa Blanca)

L'amour comme océan de neige

Univers d'eau mouvant
Un chant d'amour du vent
Fleurs de sel sur mes doigts
Frissons limbés dans ma voix

L'amour traîne en maraude
Quand la mer toujours l'attend
Vagues en livrée émeraude
Et remous en capeline d'argent

Les embruns de porcelaine
S'enguirlandent d'écumes
Ou peut-être comme la laine
Des flocons, étoiles plumes...

Embrasement du temps
Emmêlant ses brumes d'autant
Plus qu' incertain dans un présent
Des mirages peuplent l'horizon
Folies et beautés dans l'émotion

Et que sais-tu, et que n'ai-je
Où l'hiver, ce matin se paysage
Dans un vertige de ciel sans nuage
Épouse la mer vêtue de neige...

Love like an snow's ocean

Moving water's universe
A love song from the wind
Salt flowers on my fingers
Shivers limbed in my voice

Love lingers in marauding
When the sea always waits for it
Waves in emerald livery
And eddies in silver capeline

The porcelain sea spray
Garlanded with foam
Or maybe like wool
Snowflakes, feather stars…

Blaze of time
Entangling its mists as much
More than uncertain in a present
Mirages populate the horizon
Follies and beauties in emotion

And what do you know, and what don't I have
Where winter, this morning landscapes itself
In a vertigo of cloudless sky
Marries the sea dressed in snow…

L'amour dans les limbes du passé

Ô, regarder la mer qui toujours recommençait
Et berçait nos regards aux frontières du vent
Et battait, comme un cœur, un coup noir, un coup blanc
Dans le sang de ses profondeurs que le soleil perçait

Gésir sur un nuage, saisir à bras-le-corps
L'étoile de passage aux yeux des cormorans
Façonner de ton corps l'albâtre au cri mourant
Tel était mon désir que la mer porte encore

Appuyés sur le temps qui se dérobe et fuit
Nous avons dérivé au large de l'espoir
Jusqu'aux eaux furieuses d'un océan noir
Qui fit de nos vaisseaux des épaves de nuit

La marée qui renonce abandonne à regret
Les fantômes des mots des anciens naufragés
Enlisant à jamais une estampe figée
D'amour aux yeux noyés des brumes du passé...

Love in the past's limbo

Oh, to look at the sea that always started again
And rocked our eyes to the borders of the wind
And beat, like a heart, a black blow, a white blow
In the blood of its depths that the sun pierced

Lying on a cloud, seizing with both arms
The passing star in the eyes of the cormorants
Shaping your body's alabaster with a dying cry
Such was my desire that the sea still carries

Leaning on time that slips away and flees
We drifted off the coast of hope
To the furious waters of a black ocean
That made our ships night wrecks

The tide that gives up leaves with regret
The ghosts of the words of the old shipwrecked
Sinking forever a frozen print
Of love with drowned eyes of the mists of the past…

Fracas entre les vagues

Parmi le fatras d'écumes et rochers
S'entend le lourd fracas entre les vagues
Comme autant de patatras zigzaguent
S'entend le roulement des galets échoués

Entre les instants sourds où les vents draguent
S'entend le ricochet des rêves brassés
Comme autant d'échos divers divaguent
Dans la tourmente d'un vaisseau fracassé

Devant le fatras d'écumes et planchers
Se lamentent des prières qui alpaguent
Comme autant d'accords entre les vagues
S'entend le roulement d'âmes calanchées

Entre sirènes sonor' et pis-allers
Sur l'océan toutes peines ronflaguent
Comme autant d'envies d'hier divaguent
Et peine à échoir comme un galet…

Clash between the waves

Among the jumble of foam and rocks
The heavy clash between the waves is heard
As so many mishaps zigzag
The rolling of stranded pebbles is heard

Between the deaf moments when the winds dredge
The ricochet of dreams stirred is heard
As so many different echoes wander
In the turmoil of a shattered ship

In front of the jumble of foam and floors
Lament prayers that catch
As so many chords between the waves
The rolling of souls calanched is heard

Between sound sirens and stopgaps
On the ocean all pains snore
As so many desires of yesterday wander
And struggle to fall like a pebble…

À l'ombre de Dieu

Il est le cœur touchant d'un somptueux automne
Où la lumière joue sur des paillettes d'or
D'ocres et de vermeils, symbole d'un décor
L'éternel héros s'ouvrant aux épigones

Dans son alcôve aux torpeurs monotones
La croisée éclot l'œil d'une lune qui dort
Et les cieux étoilés prêts à prendre l'essor
Sont une féralité aux *Sables d'Olonne

Je connais ce Papa plein de fougue et de feu
Aux iris foisonnants, aux oliviers très vieux
Où le saule flamboie, le tournesol somnole

Où le moindre d'un aveu à l'ombre de Dieu
Lui dira : « mourir est indécent, en ce lieu »
Car l'âme vole vers l'Esprit qu'on idole...

Sables d'Olonne : Ville en Vendée

In the God's shadow

He is the touching heart of a sumptuous autumn
Where light plays on gold sequins
Of ochres and vermilions, symbol of a setting
The eternal hero opening up to the epigones

In his alcove with monotonous torpor
The cross opens the eye of a sleeping moon
And the starry skies ready to take off
Are a ferality in *the Olonne's Sand

I know this Dad full of passion and fire
With abundant irises, with very old olive trees
Where the willow blazes, the sunflower dozes

Where the slightest of an admission in the shadow of God
Will tell him: "dying is indecent, in this place"
For the soul flies towards the Spirit that one idolizes…

The Olonne's Sand : Les Sables d'Olonne (Town in Vendée)

Tableau des vies

Il suffit quelquefois
De teintes délavées
Pour retrouver l'émoi
D'un bien lointain passé
Vieilli et en noir et blanc
Des photos d'identité
Jaunies avec le temps
Des souvenirs encadrés

Il suffit quelquefois
Au gré de ce tableau
Qui provoque la joie
D'admirer des visages beaux
Pour qu'en clignant les yeux
On puisse imaginer
Le labeur de ses sages "vieux"
Et des vies à œuvrer

Il suffit maintenant
D'ouvrir en grand son cœur
Sur ce tableau du vivant
Où règnent les couleurs
Pour qu'en sérénité
Tous ceux en nous, survivre
Dans un monde de paix
Et qu'on ait le goût de vivre…

Picture of lives

Sometimes it is enough
Of faded hues
To find the emotion
Of a distant past
Aged and in black and white
Identity photos
Yellowed with time
Framed memories

Sometimes it is enough
According to this painting
That provokes joy
To admire beautiful faces
For that by blinking the eyes
One can imagine
The work of his wise "old"
And lives to work

It is enough now
To open wide his heart
On this picture of the living
Where colors reign
For that in serenity
All those in us, survive
In a world of peace
And that we have the taste of living…

Cendres

Enfant, nous avons joué sous le gros tilleul natal
Sans souci des devoirs, des travaux et des peines
Plus tard sous son indulgent feuillage amical
On abrita son rêve et ses illusions vaines

Mais cet ami discret par une tempête brutale
Fut détruit et le sang pur a séché dans ses veines
Le voilà, à présent, posé sur le chenet fatal
Consumé à feux doux par les flammes inhumaines

Les yeux fixés sur les débris de l'arbre mort
Je tisonne pensif, à ce qu'il en reste encore
Avant qu'il ait rendu son auguste âme et tendre

Ainsi nous contemplons d'un regard attendri
Ce qui demeure en nous et que la vie a meurtri
Du feu de nos vingt ans, nous n'en remuons que la cendre…

Ashes

Child, we played under the big native linden tree
Without worrying about duties, work and sorrows
Later under its indulgent friendly foliage
We sheltered his dream and his vain illusions

But this discreet friend by a brutal storm
Was destroyed and the pure blood dried up in its veins
Here it is now, resting on the fatal chenet
Consumed at low heat by inhuman flames

Eyes fixed on the debris of the dead tree
I ponder thoughtfully what is left of it still
Before it has given up its august and tender soul

Thus we contemplate with a tender gaze
What remains in us and that life has hurt
From the fire of our twenty years , we only stir the ashes…

En Deuil, en Fête ou bien en Gloire

Pantoum

Comme dans un film, la vie va
En deuil, en fête ou bien en gloire
Tout se finit sur les gravats
Les rêves simplifient l'histoire

En deuil, en fête ou bien en gloire
Nos jours s'éteignent peu à peu
Les rêves simplifient l'histoire
On vit, on aime, on est heureux

Nos jours s'éteignent peu à peu
De l'aube jusqu'au crépuscule
On vit, on aime, on est heureux
Six pieds sur terre, on funambule

De l'aube jusqu'au crépuscule
On souffre aux affres du temps
Six pieds sur terre, on funambule
On palpite sur le moment

On souffre aux affres du temps
Bientôt mille ans à l'écumoire
On profite de chaque instant
En deuil, en fête ou bien en gloire…

In Mourning, in Feast or Glory

Pantoum

As in a movie, life goes on
In mourning, in feast or glory
Everything ends on the rubble
Dreams simplify history

In mourning, in feast or glory
Our days fade away little by little
Dreams simplify history
We live, we love, we are happy

Our days fade away little by little
From dawn to dusk
We live, we love, we are happy
Six feet on earth, we tightrope

From dawn to dusk
We suffer from the torments of time
Six feet on earth, we tightrope
We palpitate on the moment

We suffer from the torments of time
Soon a thousand years with the skimmer
We take advantage of every moment
In mourning, in feast or glory...

Clown

Une touche de faux
Pour bien masquer le vrai
Une couche de chaux
Pour cacher les excès

Un nez rouge et rond
Le clown serait parfait
Et de nous, nous riions
Grimaçant le portrait

Trompant le désespoir
Et nos désillusions
Pour un jour, pour un soir
Comme les papillons

Eux aussi, maquillés
Trompant l'ennemi
De dessins étrillés
De divers coloris

Clown ou bien papillon
Chacun a le pouvoir
Donner de l'illusion
Même si tout est noir...

Clown

A touch of fake
To hide the real
A layer of lime
To cover the excesses

A red and round nose
The clown would be perfect
And we laughed at ourselves
Grimacing the portrait

Cheating despair
And our disillusionments
For a day, for an evening
Like butterflies

They too, made up
Cheating the enemy
With striped drawings
Of various colors

Clown or butterfly
Everyone has the power
Give illusion
Even if everything is black…

Concerto d'eau

Faux pantoum

Bercer par le chant attendri
J'entends le flot qui murmure
Des gouttelettes amoindries
Glissant le long des ramures

J'entends le flot qui murmure
Le concerto d'eau se produit
Glissant le long des ramures
Je rêvasse seul sous la pluie

Le concerto d'eau se produit
Fine pluie, douce mélodie
Un clapotis qui me séduit
Verse des notes arrondies

Fine pluie, douce mélodie
La rêverie d'un paradis
Verse des notes arrondies
La musique se répandit

La rêverie d'un paradis
À la rondeur du jour, fleurit
Et l'énergie se reverdit
Dès que ton âme me sourit

Water concerto

False pantoum

Rocked by the tender song
I hear the stream that murmurs
Diminished droplets
Sliding along the branches

I hear the stream that murmurs
The water concerto takes place
Sliding along the branches
I daydream alone under the rain

The water concerto takes place
Fine rain, sweet melody
A splashing that seduces me
Pours rounded notes

Fine rain, sweet melody
The paradise 's dreaming
Pours rounded notes
The music spread

The paradise 's dreaming
To the roundness of the day, blooms
And the energy turns green again
As soon as your soul smiles at me

À la rondeur du jour, fleurit
L'arc en ciel et ses voussures
Et ton âme réjouie, sourit
Quand l'Amour vole vers l'azur

L'arc en ciel et ses voussures
S'enlacent dès que le jour luit
Quand l'Amour vole vers l'azur
L'harmonie est un chant de pluie...

To the roundness of the day, blooms
The rainbow and its arches
And your joyful soul, smiles
When Love flies to the azure

The rainbow and its arches
Embrace as soon as the day shines
When Love flies to the azure
Harmony is a song of rain…

Exclamation !

Loufoque

Oh la vache!... expression singulière
Locution interjective familière
Exprimant le point d'étonnement
Un choc ou la surprise, vachement !

On l'utilise à bon escient
Via un effet alliciant
Pour esclaffer l'admiration
Dans une superbe élation

Oh la vache!... un air potache
Locution, à laquelle on s'attache
Pour amplifier un choc
Ponctué d'un électrochoc

A travers maintes expériences
Comment célébrer l'existence
Où parfois se voue la passion
Dans la joie ou avec effusion

Oh la vache!... Oh la vache!
Une expression qui flashe
Ici, s'exprime l'enthousiasme
Merci Freud et son fantasme !!!

Alors encore... Oh la vache !...

Exclamation !

Wacky poem

Oh, my gosh!.. a singular expression
A familiar interjection
Expressing the astonishment's point
A shock or a surprise, really !

We use it wisely
Through a daring effect
To burst with admiration
In an impressive elation

Oh, my gosh!.. Schoolboy terms
An expression, to which we cling
To amplify a shock
Punctuated with an electroshock

Through a simple experience
How to celebrate existence
Where sometimes there is passion
With joy or with effusion

Oh, my gosh!.. Oh, my God!
An expression that flashes
Here enthusiasm is expressed
Thank you Freud and his fantasy!

So again… Oh, my gosh!..

"Abrapatatra!..." au jour du Sabbat

Hendécasyllabe

Au cœur du silence et l'obscurité
Aussi sombre et habile qu'un alais
Volant à califourchon sur leurs balais
Là, sombrent sorcières et austérité

Au cœur de la forêt, en sécurité
Toutes vocifèrent, des sorts trop laids
Invoquant jusqu'à Satan s'il le fallait
Par une lune dans sa maturité

Mais dans les splendeurs de la vulgarité
Une des sorcières s'est trompée de lai
Invitant "Grande Faucheuse" sans délai

"Abrapatatra!..." dans la festivité
Seule la mort eut grande activité
Par sa faux, tranchant les têtes sans relais...

"Abrapatatra!..." on the Sabbath day

In the heart of silence and darkness
As dark and skillful as a falcon
Flying astride on their brooms
There, sink witches and austerity

In the heart of the forest, in security
All vociferate, too ugly spells
Invoking Satan if necessary
By a moon in its maturity

But in the splendors of vulgarity
One of the witches got the wrong lay
Inviting "Grim Reaper" without delay

"Abrapatatra! ..." in the festivity
Only death had great activity
By its scythe, cutting heads without relay…

Au Festif Feu d'Artifice

Un feu d'artifice explose de beauté
En un bain de lumières artificielles
Au cœur de l'empyrée et des divinités
Un feu d'artifice explose de beauté
En bouquet de feu, en bouquet d'étincelles

Il pleut des éclairs qui colorisent le ciel
Pétalisant de féerie l'obscurité
Parmi les innombrables gerbes arc en ciel
Il pleut des éclairs qui colorisent le ciel
Quand jaillit l'éclatante luminosité

Entre les fumées bariolées qui se mêlent
Des détonations transpercent l'immensité
Suit la série spiralée qui ensorcelle
Entre les fumées bariolées qui se mêlent
A la vive euphorie, des festivités

Un feu d'artifice explose de beauté
Sillonné par des fusées qui se constellent
En bain de lumières et de sonorités
Un feu d'artifice explose de beauté
Et resplendit d'intensité sur les mortels…

At the Festive Fireworks

A firework explodes with beauty
In a bath of artificial lights
At the heart of the firmament and the gods
A firework explodes with beauty
In a bouquet of fire, in a bouquet of sparks

It rains lightning that color the sky
Petalizing with fairy the darkness
Among the countless rainbow sheaves
It rains lightning that color the sky
When the dazzling brightness gushes out

Between the colorful smoke that mingle
Detonations pierce the immensity
Follows the spiral series that bewitches
Between the colorful smoke that mingle
To the lively euphoria, of festivities

A firework explodes with beauty
Silloned by rockets that constellate
In a bath of lights and sounds
A firework explodes with beauty
And shines with intensity on mortals…

L'Inspiration

Le voile du monde est tissé d'un rêve
Des mots et des teintes, glisse le pinceau
Fait naître le caneva, couler la sève
Des millions d'étoiles, où est le berceau ?

Derrière le voile où est le réel ?
J'explore mon cœur, cette pulsation
Fait surgir la couleur, forme idéelle
Dessine des courbes, offre l'émotion

Matrice des êtres, source des vies
Imagination fertile et prodigue
Des germes de désirs, des flots d'envies
Elle noue le secret des fils de l'intrigue

Le voile des rêves est texte des âmes
Des prairies du créé, féconde semence
Et l'inspiration compose les gammes
Parmi des galaxies, à l'incroyable danse...

Inspiration

The world's veil is woven from a dream
Words and hues slide from the brush
Giving birth to the canvas, letting the sap flow
Millions of stars, where is the cradle?

Behind the veil, where is reality?
I explore my heart, this pulsation
Brings forth color, ideal form
Draws curves, offers emotion

Matrix of beings, source of lives
Fertile and prodigious imagination
Seeds of desires, waves of cravings
It ties the secret of intrigue's threads

The veil of dreams is text of souls
From the meadows of the created, fruitful seed
And inspiration composes the ranges
Among galaxies, in an incredible dance…

Le Géant des Poinsettias

Par une nuit de neige et de glace
Est né au gala des Poinsettias
Un ange baigné par la grâce
Et le ciel a chanté Alléluia

Pour que sa vie soit un poème
Année après année, le temps passe
Un amour qu'il écrira lui-même
Pour qu'à jamais rien ne l'efface

Aujourd'hui il emplit l'espace
D'un anniversaire rouge grenat
Comme la flore des Poinsettias
Par une nuit de neige et de glace

Comme la flore de la Nochebuena
Un géant est né, Guillaume est là
Une étoile bercée par des arpèges
Par une nuit de glace et de neige...

The Giant of Poinsettias

By a night of snow and ice
Was born at the gala of Poinsettias
An angel bathed in grace
And the sky sang Hallelujah

So that his life would be a poem
Year after year, time passes
A love that he will write himself
So that nothing will ever erase it

Today he fills the space
With a garnet red birthday
Like the flora of Poinsettias
By a night of snow and ice

Like the flora of Christmas Eve
A giant is born, Guillaume is here
A star rocked by arpeggios
By a night of ice and snow…

Noël au ciel outre-cyan

Noël au ciel outre-cyan s'allonge doucement
À l'ombre des grands pins, derrière ma chaumière
Et ce temps d'émotion et ce temps de lumière
Se répand graduellement au coucher d'océan

Veillées évanouies, beignets du jour de l'an
Orange de Noël que nous offrait notre mère
Où êtes-vous partis et dans quelle clairière
Repoussera le houx de mes jeunes printemps ?

Parfois aux creux des nuits il me semble surprendre
Les échos de ce temps qui dorment sous la cendre
Là où brûlaient encore des charbons calcinés

Aujourd'hui, ce n'est plus que le vent qui se traîne
Dans le noir de l'hiver, la bise et le froid embruiné
Pendant qu'un lourd tic-tac au carillon s'égrène...

Christmas in the ultra-cyan sky

Christmas in the ultra-cyan sky lengthens smoothly
Behind my cottage, in the shade of the big pine
And this emotion's time and this light's time
Spreads over the ocean sets gradually

Vanished Christmas Eve, New Year's Fritters
Orange of Christmas that our mother offered us
Where have you gone and in what clearing
Will grow again the holly of my young springs?

Sometimes in the deep of the night it seems surprising to me
Echoes of that time that sleep under the ashes
There, where still burned calcined charcoals

Today, it is only the wind that drags itself along
In the darkness of winter, the north wind and the frosty mist
While a heavy tick-tock on the chime is ticking away…

Nouvel An

Hendécasyllabe

Quand arrive enfin le jour du Nouvel An
S'ouvrent des rives de possibilités
Un cycle nouveau est à réinventer
Entre vœux géniaux au vent sibilant

Entre les jours et les heures défilant
Offrir du bonheur, le faire prospérer
L'avenir se construit, qui sait espérer
Quand arrive enfin le jour du Nouvel An

Sous le gui et quelques rameaux enneigés
Des baisers, sertis de générosité
S'échangent sur fond de musicalité

Précieux est l'instant de complicité
Profilant la joie et la sérénité
Qui n'a qu'un seul souhait, l'amour partagé...

New Year

When finally comes New Year's Day
Shores of possibilities open up
A new cycle is to be reinvented
Between ingenious wishes and whistling wind

As days and hours go by
Offering happiness, making it prosper
The future is built by those who know to hope
When finally comes New Year's Day

Under the mistletoe and some snow-covered branches
Kisses, set with generosity
Are exchanged against a backdrop of musicality

Precious is the moment of complicity
Profiling joy and serenity
Who has only one wish, shared love…

Bibliographie

EFL est passionné par la poésie depuis longtemps avant de publier, Symphonies, Chants d'amour.

Toujours plongé dans l'écriture, il aime inventer des poèmes, partager avec ses lecteurs, sa passion, son humour, son imagination pour faire vibrer le cœur et l'esprit.

Il a passé sa jeunesse à voyager et a remporté de nombreux prix à des concours.

Aujourd'hui, il participe à des blogs de poésie et aide d'autres poètes, en les conseillant sur l'écriture, la publication et la promotion de leur recueil ou nouvelle littéraire.

Bref, partager l'inventivité de ses « coups de cœur » est aussi de cultiver ses « coups de génie ».

Bibliography

EFL has been passionate about poetry for a long time before publishing "Symphonies, Love Songs".

Always immersed in writing, he likes to invent poems, share his passion, humor and imagination with his readers to make their hearts and minds vibrate.

He spent his youth traveling and won many prizes in competitions.

Today, he participates in poetry blogs and helps other poets by advising them on writing, publishing and promoting their collection or literary novel.

In short, to share the inventiveness of his « crushs » is to cultivate also his « blows of genius ».

Index

À la Mandoline……………………………………………..…….8
To the Mandolin.…………………………………………………9
Un jour particulier.………………………………………………10
A special day.……………………………………………………11
Je t'aimerai toujours.……………………………………………12
I will always love you.………………………………….………13
Harpiste en apesanteur.…………………………………………16
Harpist in weightlessness.………………………………………17
Harpe à Bruire.…………………………………………………18
Harp to Rustle.…………………………………………………19
Maison Bonheur.………………………………………………..20
Happiness House.………………………………………………21
Petit Déjeuner Gourmand.………………………………………22
Gourmet Breakfast.……………………………………………..23
De ce qui vibre en nous.…………………………………………24
From what vibrates in us.………………………………………25
Magie du peintre.………………………………………………26
Painter's magic.…………………………………………………27
Les Églantines Tourmalines.……………………………………28
The tourmaline Eglantines.……………………………………29
Les Patios de Cordoue.…………………………………………30
The Cordoba's Patios.…………………………………………31
Mascarade.………………………………………………………32
Masquerade.……………………………………………………33
Caravane de Nacarat.……………………………………………34
Nacarat's caravan.………………………………………………35
Carnaval de Rio de Janeiro.……………………………………36
Rio de Janeiro's carnival.………………………………………37
Holi, à la folie.…………………………………………………38
Holi, madly.……………………………………………………39
Week-end à Rhodes.……………………………………………40
Weekend in Rhodes.……………………………………………41
Sur la pointe des perles.…………………………………………42
On the tip of the pearls.…………………………………………43
Deux Cygnes Drensitifs.…………………………………………44
Two Drensitif Swans.……………………………………………45

La Féerie des Sansonnets……………………………………….46
The Magic of starlings………………………………………..47
Le Ballet du silence…………………………………………..48
The silence's ballet……………………………………………49
Beauté Céleste………………………………………………..50
Celestial Beauty………………………………………………51
Magie stellaire………………………………………………..52
Stellar Magic………………………………………………….53
Voile aux mille splendeurs……………………………………54
Veil with a thousand splendors……………………………..,55
Hymne à la Lune Rubescente……………………………...…56
Hymn to the Rubescent Moon………………………………..57
Effacer une étoile……………………………………………..58
To erase a star…………………………………………………59
Libre à vous d'en faire autant…………………………………60
Free to you, to do the same…………………………………..61
Prémonitions………………………………………………….62
Premonitions………………………………………………….63
Mon Parapluie…………………………………………………64
My Umbrella………………………………………………….65
La légende du Pont des Amours………………………………66
The Love's Bridge Legend……………………………………67
Ton coin secret : Ton sourire…………………………………68
Your secret corner : your smile………………………………69
Au parchemin de l'Amour……………………………………70
On the love's parchment………………………………………71
À Coeur Battant………………………………………………72
With a Beating Heart…………………………………………73
Aimer sous le couchant………………………………………74
Love under the sunset…………………………………………75
Des petits morceaux de papier………………………………..76
Little pieces of paper………………………………………….77
Le cygne porte l'hiver…………………………………………78
The swan carries winter………………………………………79
Je viendrais……………………………………………………80
I would come. ………………………………………………..81
Les Iris………………………………………………………..82
The Irises……………………………………………………..83

Sonnet à la Rose……………………………………………..84
Sonnet to the Rose………………………………………….85
Aux couleurs des saisons…………………………………..86
Colors of the seasons……………………………………….87
Quatre Saisons d'Amour……………………………………88
Four Love's Seasons………………………………………..89
Baiser du Printemps…………………………………………90
Spring's kiss…………………………………………………..91
L'or de l'été indien……………………………………………92
The indian summer's gold………………………………….93
Crépuscule d'été……………………………………………..94
Summer twilight………………………………………………95
Flambée d'or dans la plaine……………………………….96
Golden blaze in the plain…………………………………..97
Septembre……………………………………………………..98
September……………………………………………………..99
L'Amour de l'Automne……………………………………100
The Autumn's Love………………………………………..101
Palette automnale………………………………………….102
Autumnal palette……………………………………………103
Prélude d'automne…………………………………………104
Autumn Prelude…………………………………………….105
Joyaux d'automne………………………………………….106
Autumn Jewels……………………………………………..107
Vigne de vie………………………………………………….108
Life's vine…………………………………………………….109
Novembre chante un requiem…………………………..110
November sings a requiem………………………………111
Harmonie du soir……………………………………………112
Evening harmony…………………………………………..113
Peñon d'Ifach………………………………………………..114
Peñon of Ifach………………………………………………115
Avec mon cœur, de Calpé………………………………..116
With my heart, from Calpe……………………………….117
L'amour comme océan de neige………………………..118
Love like an snow's ocean……………………………….119
L'amour dans les limbes du passé……………………..120
Love in the past's limb……………………………………121

Fracas entre les vagues	122
Clash between the waves	123
À l'ombre de Dieu	124
In the God's shadow	125
Tableau des vies	126
Picture of lives	127
Cendres	128
Ashes	129
En Deuil, en Fête ou bien en Gloire	130
In Mouning, in Feast or Glory	131
Clown	132
Clown	133
Concert d'eau	134
Water concerto	135
Exclamation !	138
Exclamation!	139
"Abrapatatra!..." au jour du Sabbat	140
"Abrapatatra!..." on the Sabbath day	141
Au Festif Feu d'Artifice	142
At the Festive Fireworks	143
L'Inspiration	144
Inspiration	145
Le Géant des Poinsettias	146
The Giant of Poinsettias	147
Noël au ciel outre-cyan	148
Christmas in the ultra-cyan sky	149
Nouvel An	150
New Year	151
Bibliographie	152
Bibliography	153

Tous nos livres sont imprimés
dans les règles environnementales les plus strictes

All our books are printed
in the strictest environmental rules

© 2023 Edmond Frédéric LARGEAU
© 2023 EFL

ISBN : 978-2-3224-8653-3

Achevé d'imprimer en Juillet 2023
Completed printing in July 2023

Dépôt légal: Juillet 2023
Legal deposit : July 2023

Prix: 8,00 €
Price: 8,00 €